Ser responsables

¡Así somos!

Un libro sobre la responsabilidad

por Mary Small   ilustrado por Stacey Previn   Traducción: Patricia Abello

Agradecemos a nuestras asesoras por su pericia,
investigación y asesoramiento:

Bambi L. Wagner, Directora de Educación
Institute for Character Development, Des Moines, Iowa
Miembro del Comité Académico Nacional/Capacitadora
Josephson Institute of Ethics - CHARACTER COUNTS!℠
Los Angeles, California

Susan Kesselring, M.A., Alfabetizadora
Rosemount-Apple Valley-Eagan (Minnesota) School District

PICTURE WINDOW BOOKS
Minneapolis, Minnesota

Dirección editorial: Carol Jones

Dirección ejecutiva: Catherine Neitge

Dirección creativa: Keith Griffin

Redacción: Jacqueline A. Wolfe

Asesoría narrativa: Terry Flaherty

Diseño: Joe Anderson

Composición: Picture Window Books

Las ilustraciones de este libro se crearon con acrílico.

Traducción y composición: Spanish Educational Publishing, Ltd.

Coordinación de la edición en español: Jennifer Gillis/Haw River Editorial

Picture Window Books

5115 Excelsior Boulevard

Suite 232

Minneapolis, MN 55416

877-845-8392

www.picturewindowbooks.com

Todos los libros de Picture Windows
se elaboran con papel que contiene por
lo menos 10% de residuo post-consumidor.

Library of Congress Cataloging-in-Publication Data
Small, Mary.
[Being responsible. Spanish]
Ser responsables : un libro sobre la responsabilidad / por Mary Small ;
ilustrado por Stacey Previn ; traducción, Patricia Abello.
p. cm. — (Así somos)
Includes index.
ISBN-13: 978-1-4048-3847-5 (library binding)
ISBN-10: 1-4048-3847-3 (library binding)
1. Responsibility—Juvenile literature. I. Previn, Stacey. II. Title.
BJ1451.S6218 2007
179'.9—dc22   2007017454

La responsabilidad es una gran palabra

que pones en práctica todos los días. Ser responsable significa cumplir con tus deberes.

Nadie más puede hacer tus propias tareas o quehaceres. Nadie más puede decir la verdad por ti. Éstas son cosas que sólo tú puedes hacer. Cuando cumples con tus deberes, eres responsable.

Hay muchos modos de ser responsables.

Juan evita pisar el charco para que no se le manche la ropa nueva.

Así muestra que es responsable.

La familia se apura para llegar a tiempo
a la casa de la abuela.

Así muestra que es responsable.

Patricia cierra bien el portón para que su perro no se salga del patio.

Así muestra que es responsable.

Patricia limpia cuando saca al perro a pasear o a jugar en el parque.

Así muestra que es responsable.

Kelly y sus hermanos se visten rápido para que no los deje el autobús.

Así muestran que son responsables.

13

Aunque está lloviendo,
Ángela ayuda a su hermanito a cruzar
la calle con cuidado.

Así muestra que es responsable.

Berta se pone un casco cuando monta
en bicicleta.

Así muestra que es responsable.

Sergio le da de comer a los animalitos a tiempo.

Así muestra que es responsable.

Adán se lava bien los dientes en la mañana y en la noche.

Así muestra que es responsable.

Julia devuelve los libros de la biblioteca a tiempo.

Así muestra que es responsable.

DEPOSITE LOS LIBROS AQUI

23

Aprende más

En la biblioteca

Burch, Regina G. *Puedes contar conmigo: Aprendiendo sobre responsabilidad.* Nuevo León, México: Somos Niños, 2005.

Nelson, Robin. *Ser responsable.* Minneapolis: Ediciones Lerner, 2006.

Schuette, Sarah L. *Soy responsable.* Mankato, Minn.: Capstone Press, 2004.

En la red

FactHound ofrece un medio divertido y confiable de buscar portales de la red relacionados con este libro. Nuestros expertos investigan todos los portales que listamos en FactHound.

1. Visite www.facthound.com
2. Escriba código: 1404810528
3. Oprima el botón FETCH IT.

FactHound, su buscador de confianza, le dará una lista de los mejores portales!

Índice

Busca todos los libros de la serie ¡Así somos!:

Ser buenos ciudadanos: Un libro sobre el civismo

Ser confiables: Un libro sobre la confianza

Ser considerados: Un libro sobre la consideración

Ser justos: Un libro sobre la justicia

Ser respetuosos: Un libro sobre el respeto

Ser responsables: un libro sobre la responsabilidad